„Fangt mich doch!“, ruft Pegasus seinen Freunden zu und versteckt sich schnell hinter einer Wolke. Mmhh, wie gut die Blumen neben dem bunten Regenbogen duften.

Im riesigen Regenbogen-Wasserfall lässt es sich nicht nur nach Herzenslust planschen, das Wasser schmeckt auch unbeschreiblich gut. Jede Farbe hat eine andere Geschmacksrichtung. Einhorn Ella mag am liebsten Erdbeere und ihr Freund Dex findet Traube am besten. Hier ist für jeden etwas dabei.

Drache Hugo liebt es, aus seiner Diamantenhöhle zu schauen und die Einhörner beim Spielen zu beobachten. Als er klein war, ist er auch gerne mit ihnen durch die Lüfte geflogen, aber jetzt schaut er lieber zu und überlässt das seinen Kindern.

Der Mondsichelfluss glitzert und schimmert im Sternenlicht und die Einhörner grasen auf der Wiese. Hin und wieder zupfen sie etwas süße Watte von den Zuckerwattebäumen. Überall tanzen kleine Feen in der Luft und Schmetterlinge flattern umher. Es gibt nichts Schöneres als eine Nacht auf der Pusteblumenwiese.

„Komm, wir spielen!", ruft Einhorn Freddy und galoppiert über das grüne Gras. Heute ist einiges los auf der Fliegenpilzweide. Und die beiden Einhornfreunde wollen Willi Wichtel in seiner Höhle einen Besuch abstatten. Ob er wohl zu Hause ist?

Im Wolkenland sind heute ganz viele Regenbogen zu sehen. Da fliegen die Einhörner nur so um die Wette: von Regenbogen zu Regenbogen, drunter und drüber, und die ganz mutigen trauen sich sogar, mit Schwung hinabzurutschen. Huii, das macht Spaß! Und wenn sie nicht mehr können, dann naschen sie ein bisschen an den Bonbons. Mmhh, lecker!

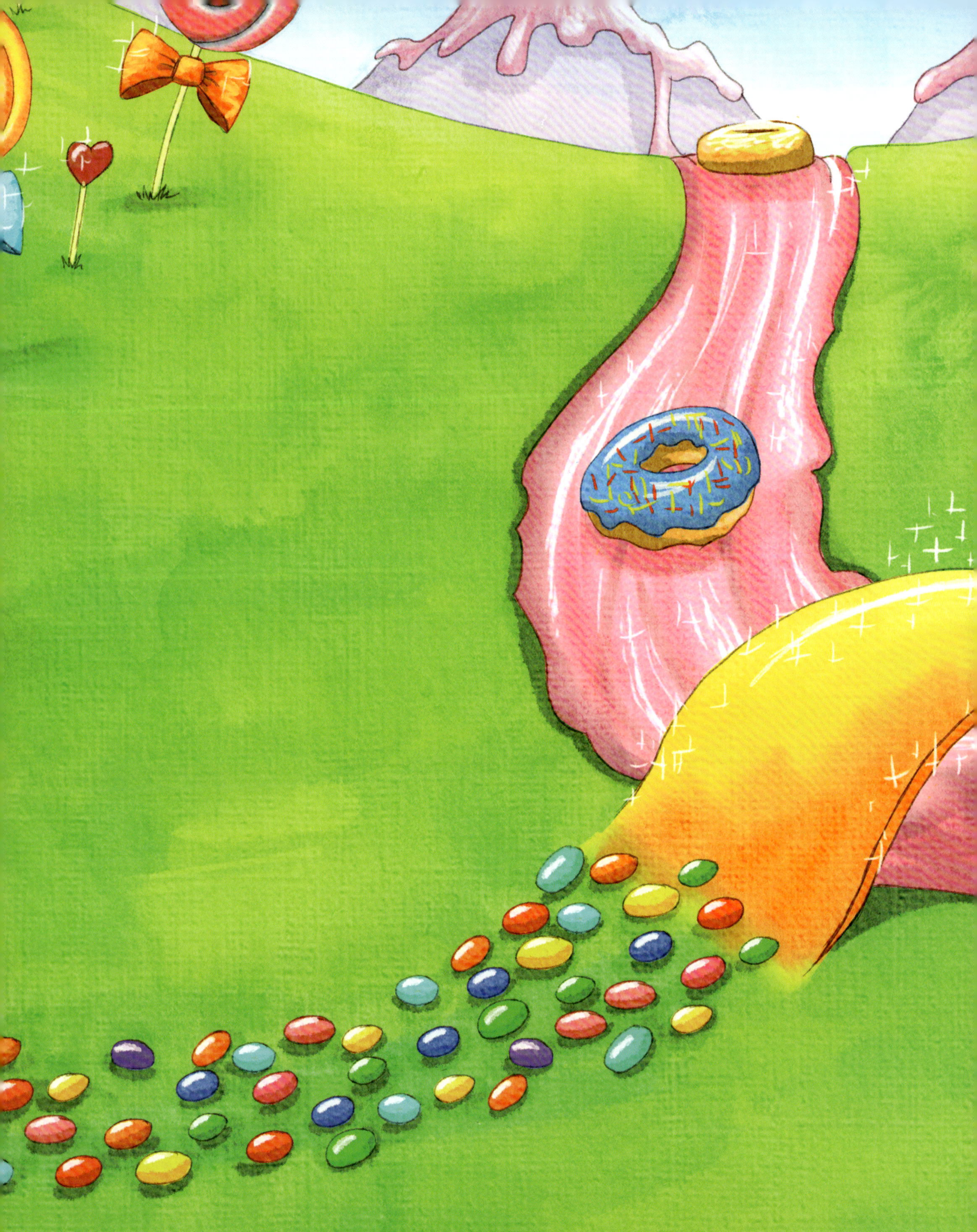

Fiorella liebt das Süßigkeitenland über alles. Sie ist ein richtiges Schleckermaul und kann einfach nicht genug bekommen: So viele leckere Bonbons, Lollis, Eissorten und kleine Küchlein überall – da kann einem aber auch nur das Wasser im Mund zusammenlaufen.

„Wow, so viele Laternen!“, staunt Einhorn Leo. Im Feenwald leuchten und funkeln die bunten Laternen nur so um die Wette. Haben die Feen für ein Fest geschmückt? Das sieht einfach magisch aus.

Auf der Gänseblümchenwiese tummeln sich heute aber viele Einhörner. Na, kein Wunder, bei dem guten Wetter. In der Sonne über die Wiese zu galoppieren macht ja auch ganz besonders viel Spaß und wenn es zu warm wird, dann springt man einfach kurz in das kristallklare Wasser.

Blubb, blubb, blubb - unter Wasser gibt es so viel zu entdecken. Nicht nur viele bunte Fische, auch große und kleine Muscheln oder glitzernde Edelsteine verbergen sich zwischen den Steinen und Korallen. Oh, schau, Meerjungfrau Mariella hat eine Perle gefunden!

Im Schlosstal ist es bei heißem Wetter besonders schön. Die Streifenberge spenden kühlen Schatten und man kann sich im sprudelnden Fluss erfrischen. Und manchmal kommt auch Prinzessin Rosalie für einen Ausritt vorbei.

Wer wohnt wohl in dem verzauberten Muffinhaus? Einhorn Nele und ihre Freunde haben einen Ausflug in die Zuckerstangen-Allee gemacht und dabei das Haus entdeckt. Ob es genauso lecker schmeckt, wie es aussieht?

Psst! Leise, sonst verschreckt ihr die Glühwürmchen! Einhorn Bella und ihre Freundin Fee Ari beobachten voller Staunen die kleinen leuchtenden Käfer. Und die Mondstrahlen tauchen alles in ein magisches Licht. Einfach zauberhaft!